核学会科学家画册·理事长系列

李冠兴

中国核学会编写

中国原子能出版社

图书在版编目(CIP)数据

李冠兴/中国核学会编. —北京 ：中国原子能出版社，2021.1
（中国核学会科学家画册.理事长系列）
ISBN 978-7-5221-0879-7

Ⅰ. ①李… Ⅱ. ①中… Ⅲ. ①李冠兴－传记－画册 Ⅳ. ①K826.16-64

中国版本图书馆CIP数据核字(2020)第173677号

中国核学会科学家画册理事长系列·李冠兴

出版发行 中国原子能出版社（北京市海淀区阜成路43号 100048）
策划编辑 王 朋 付 真 付 凯
责任编辑 杨晓宇
书籍设计 赵 杰
封面设计 马世玉 赵 杰
责任校对 宋 巍
责任印制 潘玉玲
印 刷 北京卓诚恒信彩色印刷有限公司
经 销 全国新华书店
开 本 889mm×1194mm 1/12
印 张 11.5
字 数 215千字
版 次 2021年1月第1版 2021年1月第1次印刷
书 号 ISBN 978-7-5221-0879-7 **定 价** 120.00 元

网 址:http://www.aep.com.cn **E-mail:atomep123@126.com**
发行电话:010-68452845

《中国核学会科学家画册·理事长系列》

编委会名单

总　序

核科学技术作为国家战略性高科技，在保持国家核战略威慑力量、促进能源结构调整、带动高端装备制造业升级、提高综合国力等方面，具有极其重要的战略地位和作用，党和国家始终高度重视。中国老一辈的核科技工作者们以报效祖国的热情和坚韧卓绝的意志，开创了“两弹一艇”的宏伟事业，为中华民族屹立于世界之林奠定了基础。一代代核科技工作者，用忠诚、信仰、学识、青春甚至生命，铸就了爱国、创新、求实、奉献、协同、育人的中国科学家精神。不管时代如何变化，这种精神始终能够薪火相传并愈加焕发出勃勃生机，召唤激励着更多科技工作者披荆斩棘、砥砺前行。

1980年，为配合改革开放和对外交流的需要，促进中国核科学技术的发展，中国核学会应运而生，第一届理事会中共有8名“两弹一星”功勋奖章获得者，为中国核学会的发展奠定了一流的学术基础和优良的工作传统。近40年来，在历任理事长王淦昌、姜圣阶、汪德熙、钱皋韵、王乃彦、李冠兴院士等老一辈科学家的倡导和培育下，中国核学会发展成为一个拥有近万名个人会员、189家会员单位、8个工作委员会及43个专业分会，联系23个省核学会的全国性科技社团，参与组建了中国科协创新融合学会联合体及清洁能源学会联合体，在推动我国核科技产业发展方面发挥了积极作用。

今天，在全球倡导绿色能源和低碳经济的时代背景下，我国的核事业迎来了新的发展机遇。中国核学会立足国家大力发展核科技事业的良好契机，按照第九届理事会确定的“积极向‘国际一流学会’迈进”的目标，坚持为科技工作者服务、为创新驱动发展服务、为提高全民科学素质服务、为党和政府科学决策服务，把广大核科技工作者的积极性、主动性和创造性凝聚到建设创新型国家的伟大事业中来。

我们编写《中国核学会科学家画册》系列丛书，旨在纪念为中国核学会发展付出心血的核科技工作者，记录近 40 年来中国核科学事业不断探索前进的脚步，推动科学家精神更为广泛地传播，鼓舞和鞭策青年一代更好地承担历史使命。同时，我们也希望此丛书能向社会展示中国核学会和广大核科技工作者们为国家和社会发展做出的贡献，从而使更多的人理解和支持学会的工作，吸引和团结更多的人加入核科技工作者的队伍，共同谱写科技事业新的华彩乐章，汇聚起建设世界科技强国的磅礴力量！

王寿君

全国政协常委

中国核学会党委书记、理事长

2019 年 7 月 7 日

前　言

李冠兴是我国著名的核材料与工艺技术专家、新型特种材料研发及应用的奠基人、中国工程院院士，他长期从事核材料与工艺技术、粉末冶金、金属材料、高级陶瓷与金属基复合材料的研究，在生产堆、研究堆和核电站燃料元件与相关组件及铀材料等领域作出了重要贡献。1966 年清华大学毕业以后，他选择扎根一线，在中国核工业集团公司二〇二厂（以下简称“二〇二厂”）几十年如一日，脚踏实地、勤恳耕耘。他推翻了苏联专家的结论，为军用生产堆元件成品率的大幅提高和降低堆内事故率作出了重要贡献。在二〇二厂陷入困境的时候，他四处奔走，争取支持，筹建了核工业唯一建在工厂里的重点实验室，建设了研发基地，争取到了一批重大科研项目。2001 年被任命为二〇二厂厂长后，他领导组织建成了我国第一条重水堆核电燃料元件生产线，为秦山三期核电燃料元件国产化奠定了坚实基础。他学者治厂，力求为每一位员工提供施展自己能力的舞台，受到了全体员工的敬佩和爱戴。2004 年 10 月，李冠兴从厂长的岗位上退下来后，受中国核工业集团公司委托，参加第三代核电站的国际招标，任燃料组组长。前后历时三年，出色地完成了任务。2008 年至 2018 年，李冠兴担任中国核学会第七届、第八届理事长。在他的领导下，中国核学会在国际学术交流、重点学术引领、核能科普传播、学会品牌建设、核科技人才选拔推荐、特色平台搭建等方面取得了累累硕果，使核学会的建设发展上了一个新的台阶。

本书由杨晓宇执笔。

目 录

第一章

书香门第 外柔内刚

书香门第 外柔内刚

1940 年 1 月 14 日，李冠兴出生于上海。李家是当地的大户人家，祖父李东生原先是农民，后从事建筑业逐步发家，在当年的虹桥镇有花园。父亲李守仁在大厦大学念商科，没有毕业就开始接替祖父做生意。母亲王妙贞（新中国成立后改为王妙珍）是茧厂老板的女儿，当时属于比较进步的女性，在嫁到李家之前曾办过小学，自任校长。新中国成立前夕，父亲李守仁利用李家的大宅办了一个小学，名为道达小学。父亲自任校长，母亲任语文老师。李冠兴就是从道达小学毕业的。新中国成立后，父亲调往大同中学任物理老师，母亲调往丽园路小学任教导主任。李冠兴是七个月出生的早产儿，从小体弱多病，也是兄妹三人中唯一由母亲亲自喂养带大的。母亲虽然出身大家闺秀，不会做饭，不会做针线活，表面柔弱，内心却十分刚烈，宁折不弯，极富同情心，邻里关系十分和睦。李冠兴认为，他的性格受母亲影响很大。1956 年李冠兴从上海卢湾中学高中毕业。高水平的老师和丰富多彩的教学活动令李冠兴难以忘怀。

李冠兴家庭合照，从左往右分别为：弟弟李冠雄、母亲王妙珍、李冠兴、父亲李守仁、妹妹李冠秀

书香门第 外柔内刚

李冠兴（后排右一）家庭合照

李冠兴（后排中）家庭合照

书香门第 外柔内刚

李冠兴（中）和弟弟、妹妹在一起

1957 年，李冠兴（后排右一）和高中同学在北京的合影

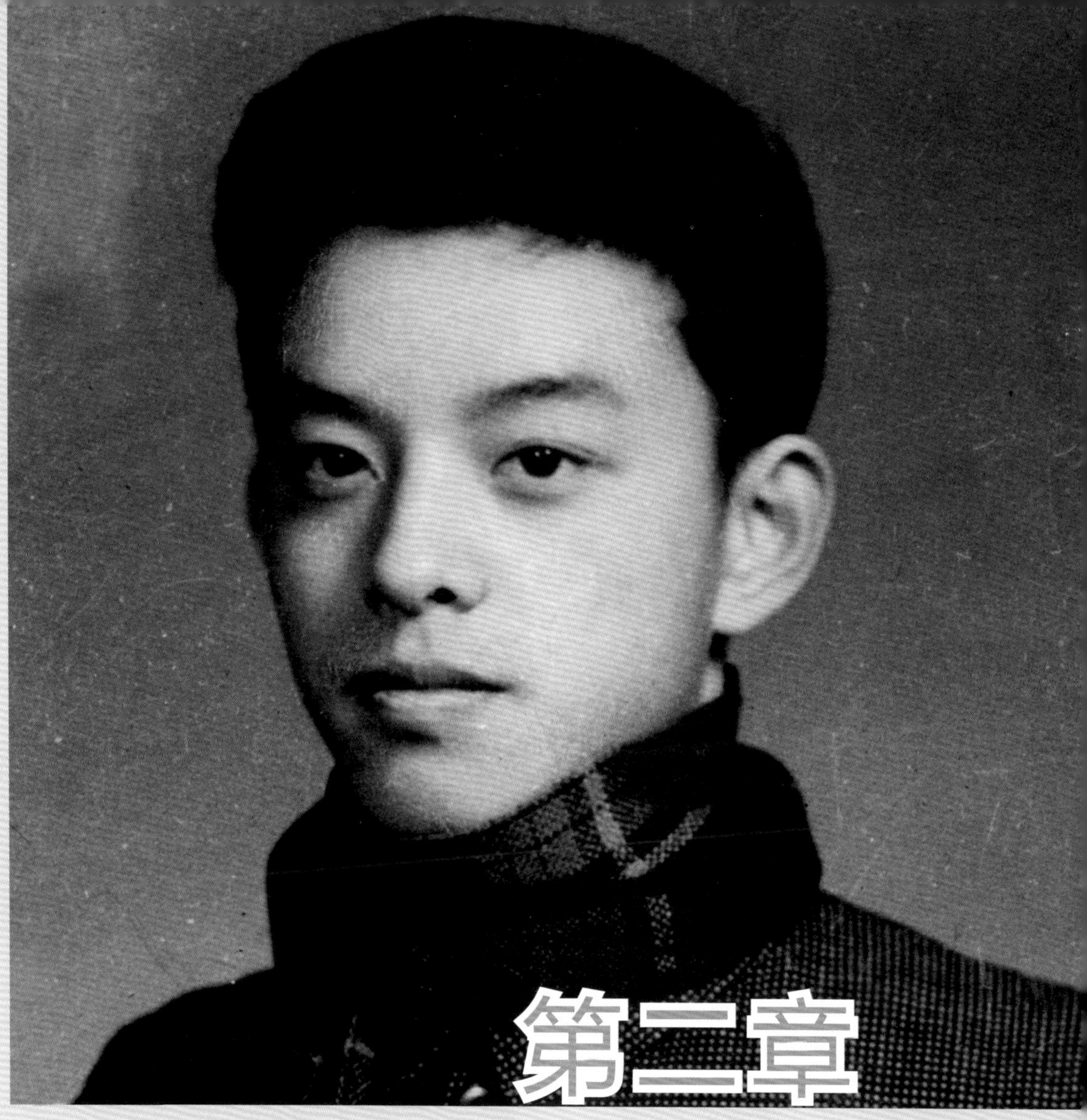

第二章

清华苦读 受用终生

清华苦读 受用终生

李冠兴于 1956 年考入清华大学工程物理系。当时他仅十六岁，是班里年纪最小的，却是班上的尖子学生之一，一直担任学习委员，后来又担任团支部宣传委员并在毕业时获评优秀毕业生。

1962 年大学毕业后，李冠兴留校攻读核材料专业研究生，师从李恒德先生。当时名义上规定是三年学制，但是工程物理系内定是四年。李冠兴带领两个毕业班的十来个同学在实验室里做毕业设计，在半年多的时间里每天只睡五六个小时，终于取得了满意的成绩。从这件事中李冠兴得到了很大的启示，认识到很多事再努力坚持一下，就会取得成功。他说，他在后来的工作实践中碰到困难时常常会想起这一点：坚持就是胜利。1966 年，李冠兴研究生毕业，虽然当时的研究生教育体系远不如现在的规范，但是那时候大家不惧怕困难，完全开放式地思考问题，动手能力和分析解决问题的能力都得到了很大锻炼，这一点让李冠兴终生受益。

1957 年的李冠兴

清华苦读 受用终生

李冠兴（第四排右一）与清华大学工程物理系 62 届核材料专业的老师、同学国庆时在清华园大门前的合照。第二排左六为教研组主任李恒德先生

李冠兴（二排右四）与清华大学工程物理系62届核材料专业的全班同学在系馆门前合影

清华苦读 受用终生

李冠兴在颐和园佛香阁前留影

李冠兴在颐和园石狮子前留影

李冠兴在清华大学礼堂前留影

清华苦读 受用终生

1961 年 9 月，李冠兴（前排左三）与清华实习队同学于岳麓山爱晚亭前留影

1961 年 9 月，李冠兴（前排右一）与清华实习队同学在长沙烈士公园留影

第三章

扎根一线 患难夫妻

扎根一线 患难夫妻

研究生毕业后，1967 年，李冠兴被分配到内蒙古包头核工业部二〇二厂第二研究室工作。1968 年与同为上海人的张珊珠女士结婚。同年李冠兴受父母牵连被隔离审查，被分配到厂施工连劳动改造，当过瓦工班里的小工，当过跟车的装卸工，开过混凝土搅拌机……那是一段饱经艰难、困厄坎坷的岁月。难得夫人张珊珠女士一直不离不弃，李冠兴才可以在十二平方米的斗室里静下心来潜心学习。正如他所说的那样，在劳动改造之余，“躲进小楼成一统，哪管春夏与秋冬”，熬过这场劫难。

1970 年后，李冠兴被调回二〇二厂第二研究室做科研工作，内部控制使用。他开动脑筋，抓住主要矛盾，打破了苏联专家的权威结论，为军用生产堆元件成品率的大幅提高和降低堆内事故概率作出了重要贡献。由于当时的政治背景和各方面的复杂状况，成果没有报奖，李冠兴的状况也没有得到改善，依然是内部控制使用。但是这项工作却得到了当时的核工业部核燃料局总工程师张沛霖先生的高度赞赏。李冠兴说，能够得到张沛霖先生的器重，真是三生有幸。

1968 年，李冠兴与夫人张珊珠的合影

扎根一线 患难夫妻

1970 年，李冠兴与夫人张珊珠的合影

1974 年，李冠兴与儿子李昊明的合影

1984 年，李冠兴一家三口的合影

扎根一线 患难夫妻

1969 年，李冠兴（前排左二）与冶金研究所部分同志合影

1969 年，李冠兴（前排右四）与冶金研究所金相组同志合影

扎根一线 患难夫妻

1969 年，李冠兴（后排左一）与冶金研究所金相组同志合影

1977 年 1 月，李冠兴（后排右一）与冶金研究所金相组全体人员获奖留念

扎根一线 患难夫妻

1977 年 1 月，李冠兴（后排右二）欢送同事去 902 厂工作

1989 年，李冠兴（左）与张沛霖在北戴河会议上合影。张沛霖先生 1980 年当选为中国科学院学部委员（中国科学院院士），是我国核燃料事业的主要奠基者之一

扎根一线 患难夫妻

2017 年，李冠兴与夫人张珊珠合影

2017 年，李冠兴与夫人张珊珠参加第二十五届世界核妇女大会晚宴

李冠兴与夫人张珊珠参观两弹历程馆

李冠兴与夫人张珊珠出游

第四章

出国访学 成就斐然

出国访学 成就斐然

1980 年，李冠兴母亲的冤案得以昭雪，李冠兴也得到彻底的解放。1982 年经导师李恒德先生推荐，李冠兴到美国俄亥俄州立大学冶金工程系访学（教育部公派）。他想了解国外学者是如何做科研工作的，也想衡量一下自己的水平究竟如何。他和夫人张珊珠约定，一定按时回国。两年后，他的确一天不差地回到了国内。导师 G.W.Powell 教授对他十分友善，给他安排了单独的办公室并给了他一把能打开所有实验室门的标有 M(Master 的简写）的钥匙，这是其他访问学者所没有的待遇。他的 ID 卡上写的不是 Visiting scholar(访问学者)，而是 Visiting Fellow(客座教授)，不过是不拿工资的。李冠兴在两年的时间里听了六门研究生课程，完成了两项研究课题：一是完成了“二元系统中的反应扩散理论”的研究，1984 年 2 月在加州洛杉矶召开的第 113 次冶金学年会上做了报告。研究相关文章发表于 1985 年的 Acta metall 冶金杂志。二是于 1984 年 4 月，完成了“快速凝固三元铁 – 铝 – 硅粉末混合压实体的扩散均匀化”的研究工作。李冠兴的才干和勤奋受到了导师 Powell 的高度评价。

1999 年，李冠兴（左）和导师李恒德在包头市阿尔丁广场的合照。李恒德先生 1994 年当选为中国工程院首批院士。1956 年出任清华大学工程物理系核材料教研组主任，是李冠兴的研究生导师，对中国的核材料教育事业作出了巨大贡献，桃李满天下

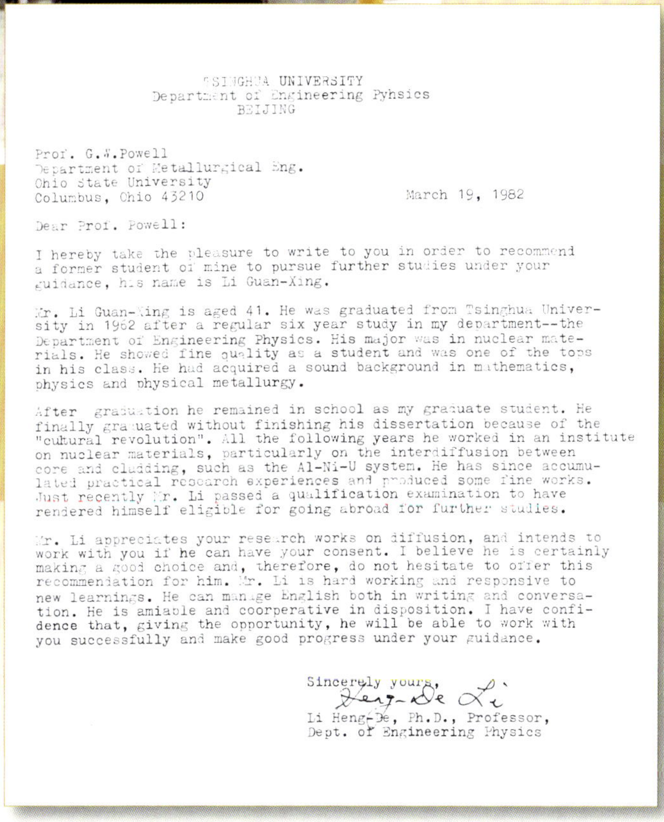

TSINGHUA UNIVERSITY
Department of Engineering Pyhsics
BEIJING

Prof. G.W.Powell
Department of Metallurgical Eng.
Ohio State University
Columbus, Ohio 43210

March 19, 1982

Dear Prof. Powell:

I hereby take the pleasure to write to you in order to recommend a former student of mine to pursue further studies under your guidance, his name is Li Guan-Xing.

Mr. Li Guan-Xing is aged 41. He was graduated from Tsinghua University in 1962 after a regular six year study in my department--the Department of Engineering Physics. His major was in nuclear materials. He showed fine quality as a student and was one of the tops in his class. He had acquired a sound background in mathematics, physics and physical metallurgy.

After graduation he remained in school as my graduate student. He finally graduated without finishing his dissertation because of the "cultural revolution". All the following years he worked in an institute on nuclear materials, particularly on the interdiffusion between core and cladding, such as the Al-Ni-U system. He has since accumulated practical research experiences and produced some fine works. Just recently Mr. Li passed a qualification examination to have rendered himself eligible for going abroad for further studies.

Mr. Li appreciates your research works on diffusion, and intends to work with you if he can have your consent. I believe he is certainly making a good choice and, therefore, do not hesitate to offer this recommendation for him. Mr. Li is hard working and responsive to new learnings. He can manage English both in writing and conversation. He is amiable and coorperative in disposition. I have confidence that, giving the opportunity, he will be able to work with you successfully and make good progress under your guidance.

Sincerely yours,
Heng-De Li
Li Heng-De, Ph.D., Professor,
Dept. of Engineering Physics

李恒德为李冠兴写的推荐信，被视为范本，在当年的出国访问学者中广为流传

出国访学 成就斐然

李冠兴在美国俄亥俄州立大学留影

李冠兴（后排左五）与其他学者合影

出国访学 成就斐然

李冠兴俄亥俄州立大学 ID 卡的正面

李冠兴俄亥俄州立大学 ID 卡的反面，title 一栏写的是“VIS FELLOW（客座教授）”

1983 年，李冠兴（右一）与其他学者在美国俄亥俄州立大学 Mars G.Fontana 实验室前留影

出国访学 成就斐然

李冠兴（后排右一）与友人聚餐

李冠兴（第二排右三）与中外友人聚会

李冠兴（左）与友人

1983 年，李冠兴（左）与导师 Powell 夫妇在公寓里合影

1984 年，李冠兴在美国俄亥俄州立大学体育馆前留影

出国访学 成就斐然

1984 年，李冠兴在美国俄亥俄州立大学冶金工程系实验室一角

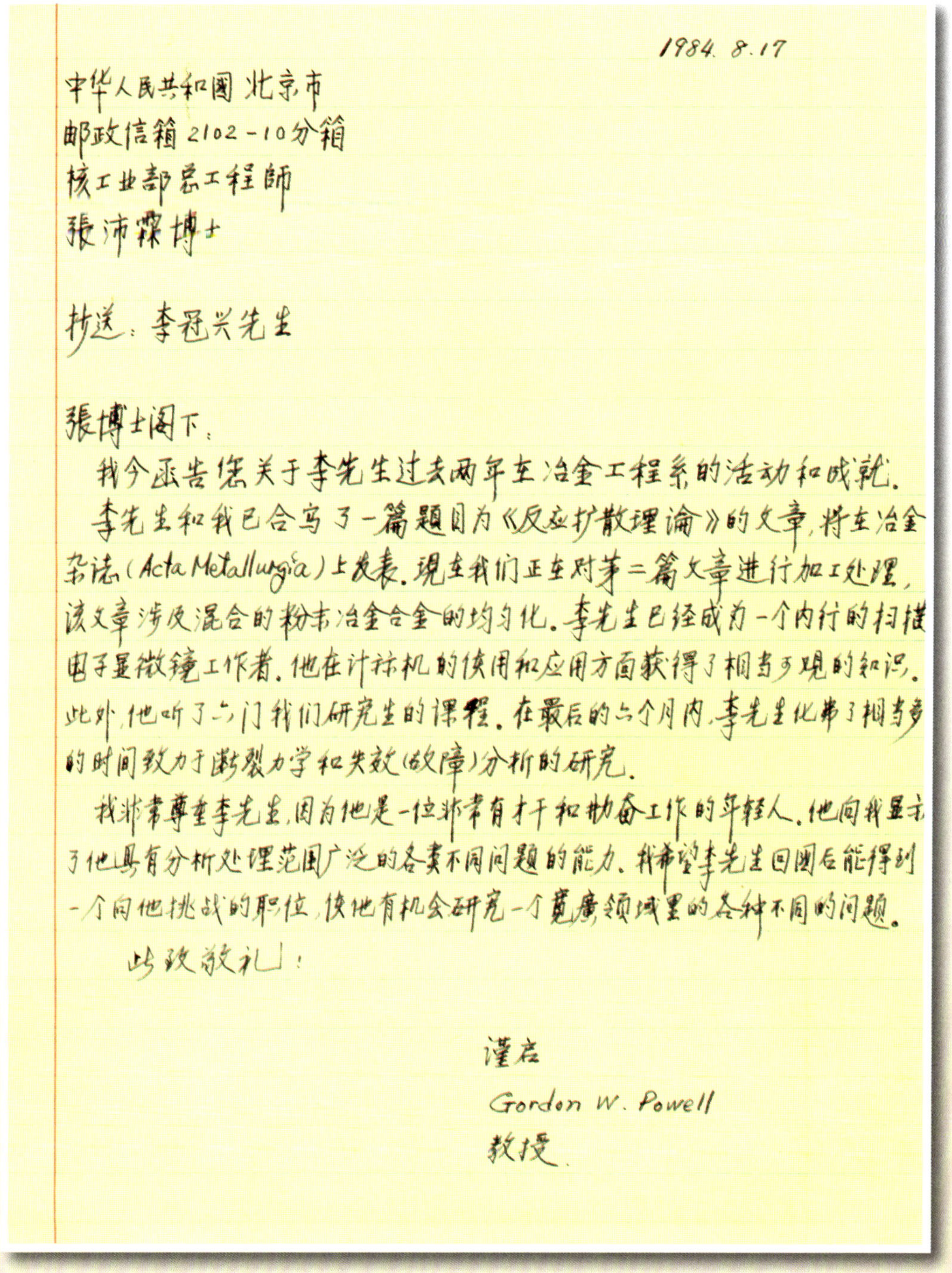

1984.8.17

中华人民共和国 北京市
邮政信箱 2102-10分箱
核工业部总工程師
張沛霖博士

抄送：李冠兴先生

張博士阁下：

我今函告您关于李先生过去两年在冶金工程系的活动和成就。

李先生和我已合写了一篇题目为《反应扩散理论》的文章，将在冶金杂志（Acta Metallurgia）上发表。現在我们正在对第二篇文章进行加工处理，該文章涉及混合的粉末冶金合金的均匀化。李先生已经成为一个内行的扫描电子显微镜工作者。他在计算机的使用和应用方面获得了相当多的知识。此外，他听了六门我们研究生的課程。在最后的六个月内，李先生化费了相当多的时间致力于断裂力学和失效（故障）分析的研究。

我非常尊重李先生，因为他是一位非常有才干和勤奋工作的年轻人。他向我显示了他具有分析处理范围广泛的各类不同问题的能力。我希望李先生回国后能得到一个向他挑战的职位，使他有机会研究一个寬廣领域里的各种不同的问题。

此致敬礼！

谨启
Gordon W. Powell
教授

李冠兴回国前，导师Powell写给张沛霖的信（翻译后手写版）。信中是这样评价李冠兴的：“我非常尊重李先生，因为他是一位非常有才干和勤奋工作的年轻人。他向我显示了他具有分析处理范围广泛的各类不同问题的能力……”

第五章

勤奋耕耘 学者治厂

勤奋耕耘 学者治厂

李冠兴回国后于 1984 年 12 月被任命为二〇二厂第二研究室副主任，主管科研工作。1990 年 12 月李冠兴被任命为二〇二厂总工程师兼生产副厂长（两年后不再兼任生产副厂长）。当时正值核工业转型期，非常困难。二〇二厂作为一个老厂，更是困难。民品搞得不理想，军品科研和生产也走下坡，完不成任务。李冠兴经过两年的努力，扭转了被动的态势， 开创了军品科研和生产的新局面。他四处奔走，争取多方支持，1993 年终于得到了核工业总公司的批准，在二〇二厂第二研究室筹建核工业唯一一个建在工厂里的重点实验室。特种材料应用开发研究实验室从 1994 年开始边建设边运行，1997 年通过正式验收，得到了专家们很高的评价。李冠兴主持并具体组织了数种研究试验堆用低浓化燃料组件与相关组件的研发，达到了国际水平，并均已转化为生产力，建成了生产线，入堆使用。还主持了数种特种材料合金的研制，均已得到了工程应用。在此期间李冠兴获得部级科技进步奖一等奖 1 项，二等奖 3 项，三等奖 5 项。重点实验室也为厂里输送了大批技术骨干。1992 年李冠兴享受政府特殊津贴。1999 年李冠兴当选中国工程院化工、冶金和材料学部的院士。

2001 年 1 月，李冠兴被任命为二〇二厂厂长兼总工程师（2003 年起不再兼任总工程师）。2002 年 12 月，主持建成了中国第一条重水堆核电站用燃料棒束生产线，2003 年开始向秦山三期核电站稳定供应国产化燃料棒束。2001—2007 年李冠兴获得部级科技进步奖一等奖 1 项，三等奖 1 项，还担任了十六大代表和十届全国政协委员。李冠兴说他不会当厂长，只是临危受命，过渡一下，但是又说他当厂长是非常认真的，全力以赴地把它作为一个科研题目进行研究和实践，内心深处是想知道一个学者治厂会是什么样的？他给当时的班子讲，他的做法是出主意、看结果，不问过程；给舞台、看业绩，考察干部。原则上，作为厂长他要为每位副手及各级干部提供一个历史舞台，使大家都有一个广阔的天地去发挥聪明才智，为企业建功立业。作为厂长，为了工厂的生存，他四处奔走，陈述工厂的能力和困难，争取任务，终于使建设年产 400 吨铀的压水堆核电站燃料元件生产线的规划得到落实，全厂上下对他十分敬佩。

2004 年 10 月，李冠兴从厂长的岗位上退下来后，受中国核工业集团公司委托，参加第三代核电站的国际招标，任燃料组组长，前后历时三年，出色地完成了任务。借此机遇，也促使美国西屋公司 AP1000 三代核电燃料元件生产线的建设定点二○二厂。在此期间，李冠兴也为清华大学高温气冷堆元件生产线定点二○二厂付出了不少心血。为了表彰他四十几年如一日，在相对比较艰苦的内蒙古地区，脚踏实地、勤奋耕耘在他热爱的核事业领域，李冠兴获得了 2009 年全国道德模范提名奖——敬业奉献奖和包头市第二届道德模范的荣誉称号。

李冠兴（左三）与冶金研究所重点实验室第一届学术委员会委员参观实验室

李冠兴（右三）在生产现场

李冠兴（右）在生产现场

勤奋耕耘 学者治厂

李冠兴（中）在生产现场

李冠兴介绍二〇二厂情况

勤奋耕耘 学者治厂

李冠兴（左五）与二〇二厂领导班子合影

李冠兴（前排左五）参加中国共产党二〇二厂第九次代表大会

李冠兴在二〇二厂建厂 45 周年大会上致辞

李冠兴（左四）与各级领导在二〇二厂建厂 45 周年庆祝活动上合影

勤奋耕耘 学者治厂

李冠兴作为中共十六大代表在人民大会堂前留影

李冠兴在人民大会堂投票

李冠兴作为十届全国政协委员在人民大会堂留影

勤奋耕耘 学者治厂

1988 年 1 月，李冠兴（右一）访问伊朗德黑兰

1988 年 12 月，李冠兴（左一）访问美国阿贡国家实验室

1995 年，李冠兴（右二）访问莫斯科无机材料研究所

1998 年 10 月，李冠兴（右）访问罗马尼亚，中间为李定凡部长

1999 年 4 月，李冠兴（左五）访问韩国 KAERI 研究所

1998 年，李冠兴（右五）访问加拿大

2001 年 4 月，李冠兴访问美国 HARPER 公司

2007 年，李冠兴（前排左三）作为燃料组组长参观西屋公司哥伦比亚工厂

2007 年，李冠兴（前排左三）和燃料组成员参观西屋公司特种金属工厂

2007 年 5 月，AP1000 引进谈判合同生效签字仪式后，李冠兴（左六）与燃料组全体成员在人民大会堂合影留念

第六章

学会十年 砥砺奋进

2008 年，李冠兴高票当选中国核学会第七届理事会理事长，并于 2013 年连任第八届理事会理事长至 2018 年。

李冠兴领导学会工作的十年，是我国核事业发展极其重要的十年：中国核工业创建 60 周年，核电正式重启、“走出去”发展和核科学技术取得重大突破；也是学会砥砺奋进、飞跃发展，紧紧抓住国家加强群团组织建设和政府职能转移的有利时机，积极向“国际一流学会”迈进的十年。

在李冠兴的领导下，学会国内外学术交流服务质量和水平不断提升：成功举办中国核学会 2009 年、2011 年、2013 年、2015 年、2017 年学术年会，面向社会权威发布三次“中国十大核科技进展”，发布《关于积极推进我国核电建设的倡议书》；成功举办第十八届、第二十一届、第二十五届国际核工程大会（ICONE 18、ICONE 21、ICONE 25），第二十届太平洋地区核能大会（PBNC 2016），第九届国际青年核能大会（IYNC 2016），第二十五届世界核妇女大会（WIN 25），第一届至第四届中国（国际）核电仪控技术大会，第十届到第十二届中国核学会“三核”论坛，第五届至第十六届海峡两岸核能学术交流会，第十一届至第十五届中国国际核工业展览会。在 2015 年法国尼斯召开的核电站进展国际会议（ICAPP）上，李冠兴理事长代表中国核学会与全球 39 家核学会共同签署了《核能应对气候变化声明》。

与国际原子能机构、世界核协会、太平洋核理事会、国际青年核理事会、世界核妇女组织、国际核运输机构、国际辐照加工协会、美国核学会、法国核学会、法国原子能委员会、日本核学会、韩国核学会、西班牙核学会、捷克核学会、加拿大核工业组织、美国机械工程师学会、日本机械工程师学会、日本原子能学会、哈萨克斯坦核学会等重要核能组织互访并更新合作协议。

李冠兴任院士推选专家委员会、学术委员会、编辑委员会、标准工作委员会主任。推动学会成为首批工程教育认证、工程师资格国际互认及团体标准试点单位。领衔负责《核科学技术学科发展研究报告》《核技术应用学科发展研究报告》《核科学技术名词》《重水堆在我国核燃料闭式循环中的作用与定位》《核供热项目技术方案》《核燃料技术发展战略研究》《关于推动小堆技术军民融合应用发展的建议》等重要课题及调研报告。实施“创新驱动助力工程”“青年人才托举工程”，与地方政府签订战略合作协议，并承担多个为企业提供科技信息服务的专题项目，为地方经济社会发展提供科技服务和人才支撑。

在李冠兴的领导下，学会服务全民科学素质提高取得新跨越：荣获“《全民科学素质行动计划纲要》‘十二五’实施工作先进集体”称号。2013 年起坚持每年举办“魅力之光”杯全国中学生核电科普知识竞赛及夏令营活动、“院士行”活动；2016 年起开展中国核科普奖、中国核科普教育基地评选；2017 年起开展“科普中国——绿色核能主题活动”；每年举办“‘核’我探秘”核科普展览系列活动。弘扬和传承“两弹一星”精神，举办纪念钱三强百年诞辰、朱光亚先生诞辰 90 周年、王淦昌诞辰 110 周年、我国第一颗原子弹爆炸成功 50 周年、我国第一颗氢弹爆炸成功 50 周年座谈活动。

在李冠兴的领导下，学会对核科技工作者凝聚力不断增强：学会拥有 26 个专业分会、156 家团体会员单位，联系 23 家省核学会，加入中国科协军民融合学会联合体、中国科协清洁能源学会联合体。着力做好组织建设和会员服务，激发广大核科技工作者进军科技创新和经济建设的主战场，在推动我国核科技产业发展方面发挥了积极作用！

2009 年，李冠兴（右二）在中国核学会学术年会上为获奖者颁奖

2010 年，李冠兴（左七）出席第七届“三核”论坛

2010年，李冠兴（左一）出席第十八届国际核工程大会

2011 年，李冠兴（前排左五）参加第十一届两岸核能学术交流研讨会

2012 年，李冠兴（左七）出席第十二届海峡两岸核能学术交流研讨会

2013 年，李冠兴在中国核学会学术年会上致辞

2013 年，李冠兴出席中国核学会学术年会核产业发展论坛

2013 年，李冠兴在第二十一届国际核工程大会欢迎招待会上致辞

2014 年，李冠兴（前排右三）出席第十三届中国国际核工业展览会

2014 年，李冠兴在第二届中国两弹一星历史研究高层论坛上致辞

2015 年，李冠兴（中）在核学会学术年会上签署《关于积极推进我国核电建设的倡议书》

2015 年，李冠兴（后排左三）主持核技术在医学领域应用高端论坛

2015 年，李冠兴（后排左五）出席核能与安全论坛

2016 年，李冠兴主持第二十届太平洋地区核能大会（PBNC 2016）开幕式

2016 年，李冠兴在第九届国际青年核能大会（IYNC 2016）上致辞

2016 年，李冠兴（左）在第十四届中国国际核工业展览会上接受中央电视台采访

2016 年，李冠兴（左）在第十七届中国心血管核医学年会暨中国核学会核医学分会年会上致辞

2016 年，李冠兴（左三）主持核科学技术名词审定编写委员会成立大会

2016 年，李冠兴（左五）主持召开中国核学会“核供热项目技术方案”研讨会

2016年，李冠兴（前排左三）与中国核学会第八届理事会标准工作委员会成员合影

2017 年，李冠兴在第十六届海峡两岸核能学术交流研讨会上致辞

2017 年，李冠兴（左十）参加中国核学会学术年会颁奖仪式

2017 年，参观第二十五届国际核工程大会（ICONE 25）展览，前排左起依次为王毅韧、周永茂、李冠兴、王炳华

2017 年，李冠兴（前排右四）出席第二十五届世界核妇女大会

2018 年，李冠兴（前排左一）参观第十五届中国国际核工业展览会

2018 年，第十五届中国国际核工业展览会上李冠兴（前排右四）出席《2016—2017 年中国核技术应用学科发展报告》发布会

2019 年，李冠兴（前排左五）与《核科学与工程》新一届编辑委员会委员合影

2019 年，在中国核学会学术年会上，李冠兴（中）荣获特别贡献奖（左起王寿君、李冠兴、刘华）

2014 年，李冠兴（前排右一）代表中国核学会与加拿大核工业组织签订合作备忘录

2015 年，李冠兴（右三）与香港核学会及香港工程师学会代表合影并签署合作备忘录

2015 年，李冠兴（前排右三）与美国机械工程师学会代表团合影

2016 年，李冠兴（右）代表中国核学会与国际辐照加工协会签订合作协议

2012年，李冠兴（右二）在广西参加“院士行”活动，从左至右依次为：彭先觉、王大中、叶奇蓁、胡思得、李冠兴、陈念念

2013 年，李冠兴（右三）参加“绿色核能、给力湖南”院士行科普活动

2013 年，李冠兴（左二）在桃花江核电厂址考察

2013 年，李冠兴（二排左五）出席首届“魅力之光”夏令营开营仪式

2013 年，李冠兴（左二）参加科学家与媒体面对面活动

2014 年，李冠兴（左五）出席第二届“魅力之光”全国中学生核电科普知识竞赛启动仪式

2015 年，李冠兴（右三）参观中国核工业创建 60 年成就展

2015 年，李冠兴（前排右七）出席第三届“魅力之光”夏令营开营仪式

2015 年，李冠兴（右三）参加四川省核科普展座谈会

2016 年，李冠兴在第四届“魅力之光”夏令营开营仪式上致辞

2016 年，李冠兴（前排左四）与中国核学会第八届理事会科普咨询教育委员会委员合影

2017 年，李冠兴在“科普中国——绿色核能主题科普活动”启动仪式上致辞

2017 年，李冠兴（右四）出席第五届“魅力之光”全国中学生核电科普知识竞赛启动仪式暨核科普进校园主题活动

2018 年，李冠兴（右四）参加四川省“院士行”活动

2018 年，李冠兴（左四）出席第六届“魅力之光”全国中学生核电科普知识竞赛启动仪式

2018 年，李冠兴（左五）出席全国核科普教育基地授牌仪式

2018 年，李冠兴（前排右六）参加中国核学会第九次全国会员代表大会

2018年，中国核学会第九次全国会员代表大会上与院士合影，从左至右：詹文龙、李冠兴、王人中、陈佳洱、王乃彦

2018 年，李冠兴（右二）参加中国核学会第九次全国会员代表大会

2018 年，中国核学会第九次全国会员代表大会上李冠兴（右）与新一届核学会理事长王寿君亲切握手

第七章

随缘素位 自知自胜

随缘素位 自知自胜

随缘素位，是李冠兴给自己树立的人生目标。随缘指要摆脱名利，顺应自然，随遇而安。要以平常心，办平常事，做一个平常的人。素位就是讲究保守本分，作为院士就是要保守学者的本分，少做或不去做一些不相干的事情。李冠兴对自己有着非常明确的认知，时刻不放松对自己做人做事的要求，生活中他为人厚道、以诚待人，学术上他求真务实、创新图强，曾获部级科技进步一等奖 2 项，二等奖 3 项， 三等奖 6 项。他的学术成就光荣入选《20 世纪中国知名科学家学术成就概览》。2019 年 1 月李冠兴获中核集团院士荣誉勋章，2019 年 8 月获中国核学会特别贡献奖，2020 年 1 月被中核集团评为核工业功勋人物。2020 年 12 月 1 日，李冠兴因病在北京逝世。他生前担任中核北方核燃料元件有限公司（前身为中核集团二〇二厂）名誉总经理，核工业特种材料研究开发重点实验室学术委员会主任，中核集团科技委顾问；中国核学会监事长，中国核学会核材料分会理事长；中国核能标准化技术委员会主任委员；国家核安全专家委员会副主席；军用核基础技术专业组顾问；国核宝钛锆业股份公司董事会独立董事；中国核动力研究设计院反应堆燃料及材料重点实验室学术委员会主任，清华大学核能与新能源技术研究院双聘教授及精细陶瓷北京市重点实验室学术委员会主任，中核集团核燃料与材料研发中心专家委员会主任，国家能源先进核燃料元件研发（实验）中心学术委员会主任，《核科学与工程》主编。

2018 年，李冠兴（左二）出席核电燃料元件制造技术院士专家工作站揭牌仪式

随缘素位 自知自胜

李冠兴在哈尔滨工程大学做讲座

李冠兴（右）指导年轻科技人才

随缘素位 自知自胜

李冠兴在青海原子城

李冠兴在新疆马兰基地

李冠兴（左五）在甘肃北山基地考察

随缘素位 自知自胜

2009年，李冠兴（右）与导师李恒德在学术年会上

李冠兴（左）与乌杰

李冠兴夫妇（右）与胡思得夫妇合影

李冠兴（右）夫妇与王大中院士

随缘素位 自知自胜

李冠兴（左四）在母校上海市卢湾高级中学大门前留影，左一为弟弟李冠雄，他也毕业于卢湾中学

2006 年，李冠兴（左二）参加清华大学工程物理系建系 50 周年纪念活动

随缘素位 自知自胜

2011 年 4 月，李冠兴（后排左一）参加清华百年校庆活动

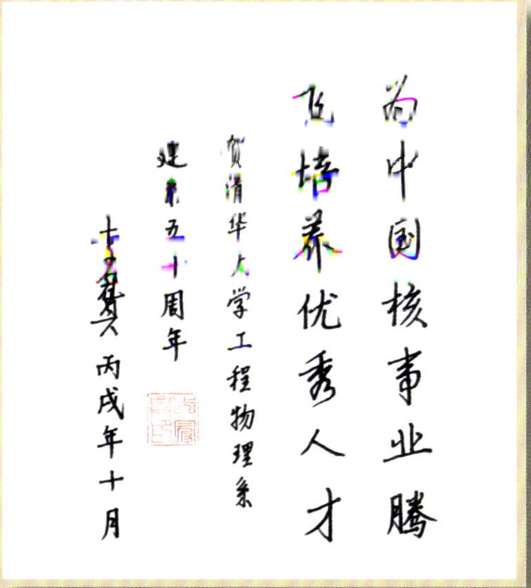

李冠兴贺清华大学工程物理系建系五十周年的题词

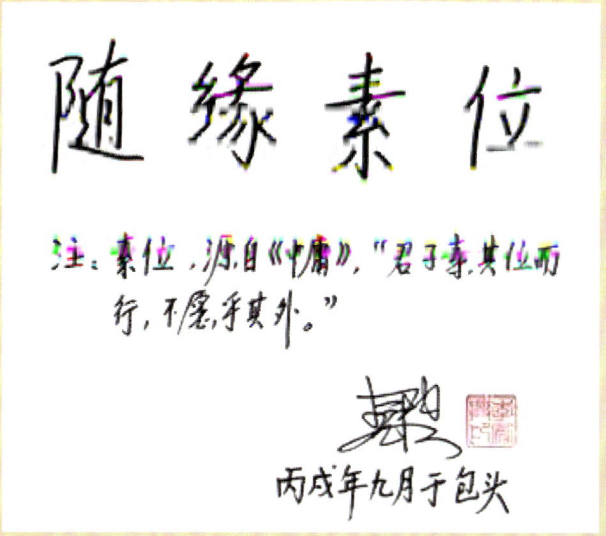

李冠兴题写的"随缘素位"

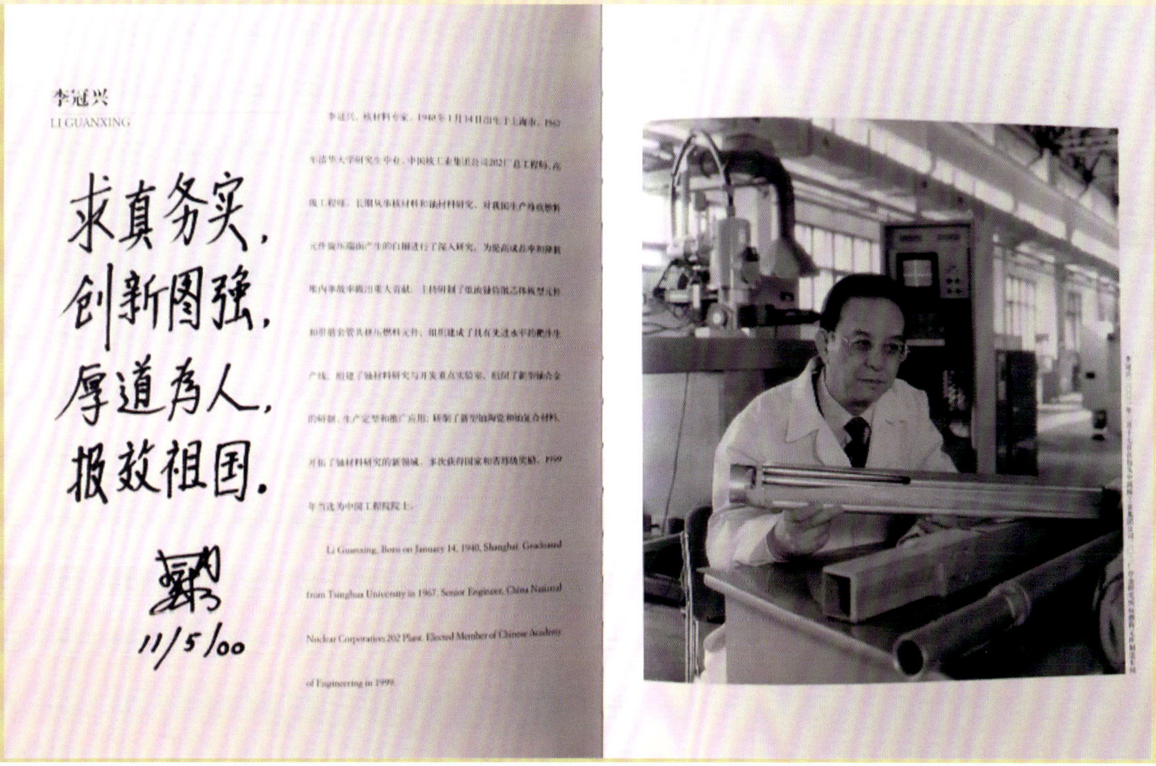

李冠兴在《中国工程院院士》上的题词和照片

随缘素位 自知自胜

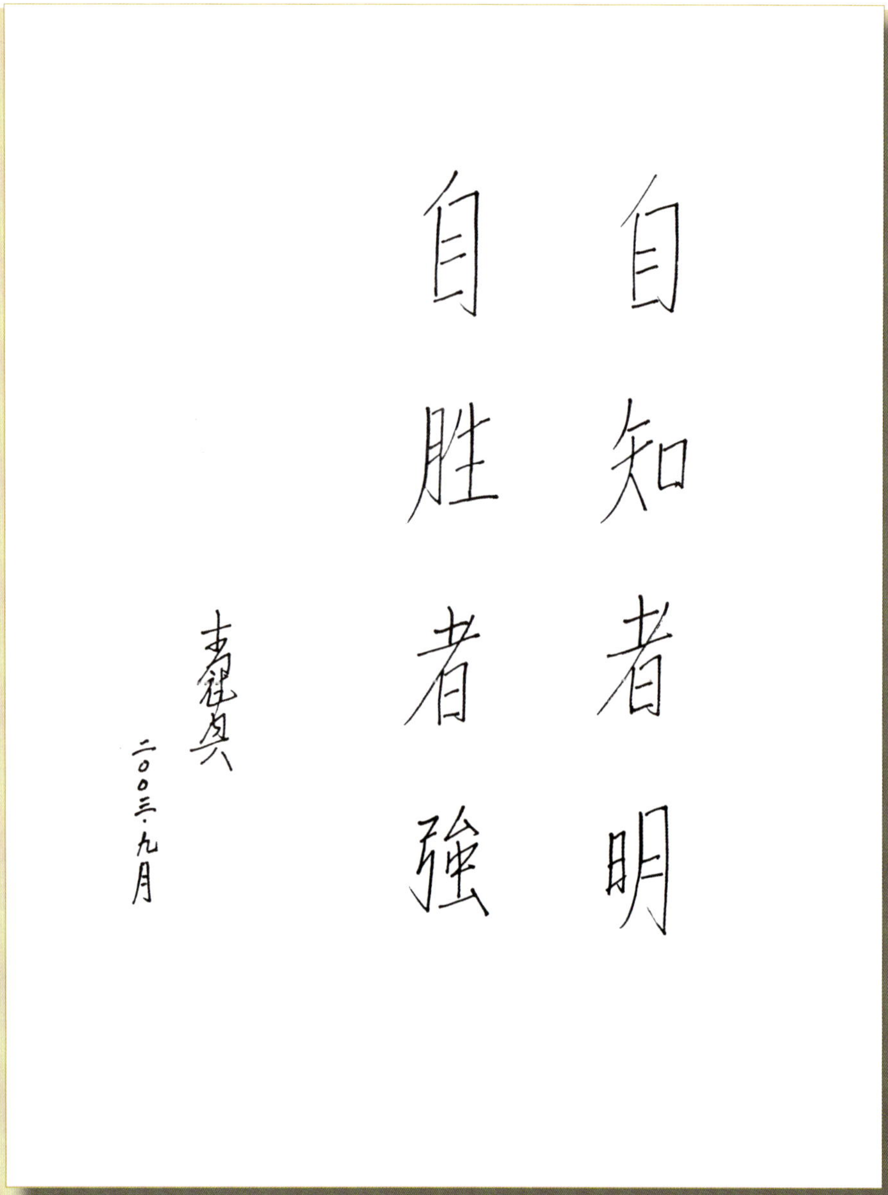

李冠兴当选中国工程院院士后的题词

李冠兴作为首席科学家领导编著的《2014—2015 核科学技术学科发展报告》

李冠兴作为首席科学家领导编著的《2016—2017 核技术应用学科发展报告》

李冠兴主编的《研究试验堆燃料元件制造技术》《重水堆燃料元件》《核燃料》

中核集团授予李冠兴的院士荣誉勋章正面

中核集团授予李冠兴的院士荣誉勋章背面

2020 年，李冠兴被评为核工业功勋人物

李冠兴获颁的核工业功勋奖章

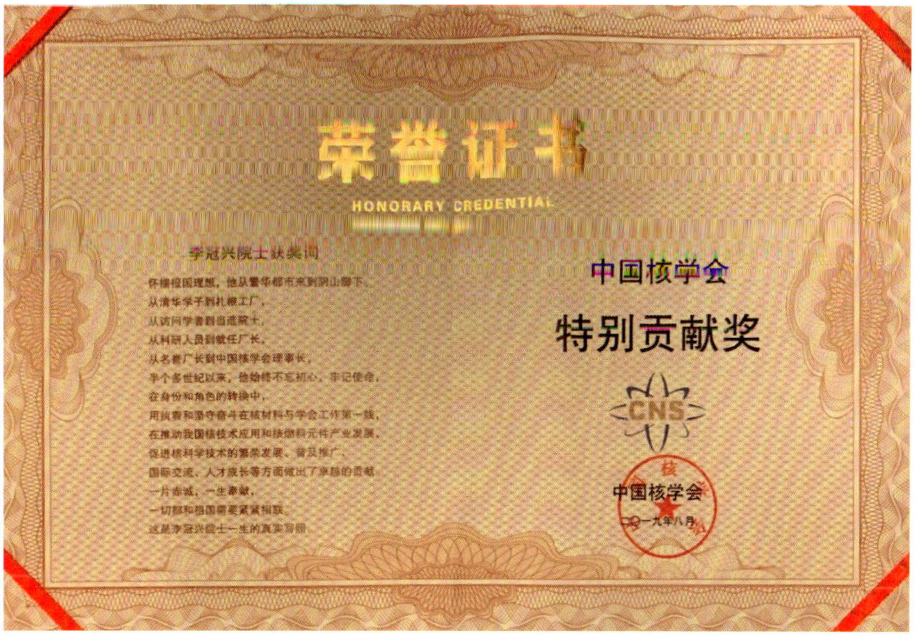

2019 年，中国核学会为李冠兴颁发的特别贡献奖荣誉证书

李冠兴院士获奖词

怀揣报国理想，他从繁华都市来到阴山脚下。
从清华学子到扎根工厂，
从访问学者到当选院士，
从科研人员到就任厂长，
从名誉厂长到中国核学会理事长，
半个多世纪以来，他始终不忘初心，牢记使命，
在身份和角色的转换中，
用执着和坚守奋斗在核材料与学会工作第一线，
在推动我国核技术应用和核燃料元件产业发展，
促进核科学技术的繁荣发展、普及推广、
国际交流、人才成长等方面做出了卓越的贡献。
一片赤诚，一生奉献，
一切都和祖国需要紧紧相联。
这是李冠兴院士一生的真实写照。

年谱

1940 年 1 月 14 日

出生于上海

1956 年

从上海卢湾中学高中毕业

1956 年

考入清华大学工程物理系

1962 年

大学毕业，留校攻读核材料专业研究生，师从李恒德先生

1966 年

研究生毕业（硕士学位）

1967 年

被分配到包头核工业部二〇二厂第二研究室工作

1968 年

与张珊珠女士结婚

1982 年至 1984 年

经导师李恒德先生推荐，到美国俄亥俄州立大学冶金工程系访学（教育部公派）

1984 年

被任命为二〇二厂第二研究室副主任，主管科研工作

1986 年 4 月

加入中国共产党

1[illegible] 年 7 月

被评为研究员级高级工程师，12 月 28 日被任命为二〇二厂总工程师兼生产副厂长

1992 年 10 月

享受国务院特殊津贴

1993 年

筹建特种材料应用开发研究实验室

1997 年

特种材料应用开发研究实验室建成，通过正式验收

1999 年

被评为中国工程院院士

2001 年

被任命为二〇二厂厂长兼总工程师

2002 年

当选中国共产党十六大代表。主持建成了中国第一条重水堆核电站燃料棒束生产线

2003 年

当选第十届全国政协委员

2004—2007 年

参加第三代核电站的国际招标，任燃料组组长。促成美国西屋公司 AP1000 三代核电燃料元件生产线的建设定点二〇二厂

年谱

2008—2013 年

当选中国核学会第七届理事长

2009 年

获得全国道德模范提名奖——敬业奉献奖和包头市第二届道德模范的荣誉称号

2013—2018 年

任中国核学会第八届理事长

2018 年

任中国核学会监事长

2020 年

12 月 1 日因病在北京逝世

后 记

几十年来，几代核工业人艰苦创业、开拓创新，推动我国核工业从无到有、从小到大，取得了世人瞩目的成就，为国家安全和经济建设作出了突出贡献。在几代核工业人之中，核科学家无疑是其中最引人注目的群体之一。

2019 年，中共中央办公厅、国务院办公厅印发《关于进一步弘扬科学家精神加强作风和学风建设的意见》，指出要引导广大科技工作者在践行社会主义核心价值观中走在前列，争做重大科研成果的创造者、建设科技强国的奉献者、崇高思想品格的践行者、良好社会风尚的引领者。为了响应号召，进一步弘扬科学家精神，我们组织编写《中国核学会科学家画册》系列丛书，通过讲述核科学家的故事，更生动地诠释科学家精神，感受他们心底那份对祖国的爱、对家人的温暖和对事业的执着。

在本书的编写过程中，李冠兴院士和中核北方核燃料元件有限公司（二〇二厂）提供了大量宝贵的照片和丰富详实的资料，在此向他们表示感谢。此外，在编写过程中，还得到了其他一些机构和个人的帮助，在此一并致谢。